Índice

Às mulheres da minha vida, que sem as quais nada disso teria acontecido.

FAC

A todos os que se propuserem a ler estes poemas desejo grande sorte e fortuna. Desejo que cheguem ao final destas páginas diferentes, mudados e maiores.

Divido aqui um pouco daquilo que minha inspiração me presenteia.

A vida só tem um caminho e direção certos, que é aquele que você decidiu trilhar.

A vida é uma flecha atirada em uma direção, não tem volta, mas sofre a influência do ambiente que a cerca. Retire todos os males de seu caminho. Tudo que te atrasa e impede de viver. E siga feliz o seu curso.

A FÉ DO VIAJANTE

A fé do viajante,
É o porto de destino,
Nem mesmo por um instante,
Ele pensaria em outro caminho.

A fé do viajante,
É uma terra de riquezas,
É poder voltar a sua casa,
E pôr fim na sua tristeza.

A fé do viajante,
É achar a cura, é achar a paz,
Não importa a luta,
A guerra que ficou para trás.

Terra à vista! Gritou um viajante,
A terra é azul! Exclamou outro,
Faria diferença se eu gritasse?
Transformaria o barro em ouro?
Festejem! Festejem!
O viajante está de volta!
Ele trouxe um navio carregado!
Especiarias e coisas exóticas,
Coisas que não se tem aqui!
Um coração cheio de esperança.
Vou começar de novo! – disse ele
Não se espante, povo!
Essa é somente uma resposta,
Para a fé do viajante!

CRENÇA NO ACASO

O canto de um pássaro,
Um choro de um bebê,
A brisa da manhã,
Um minuto com você,
Tudo é um milagre,
E somos todos culpados,
De apagar pouco a pouco,
Tempos que não deveriam ser lembrados.

A fome do farto é a sobra do faminto,
A miséria do príncipe é a riqueza do plebeu,
A flecha atirada sem destino,
E o choro de alguém que perdeu.
A luta do derrotado,
A vitória de quem não lutou,
O coração frio e vazio,
De um homem que nunca amou.

Quem saberia explicar se eu perguntasse?
Eu sou o mais sábio entre todos.
Tenho medo da esperança, da crença,
E isso faz de mim um tolo.
Corro, corro como um rio,
E me vejo parado como um lago.
Logo, uma barragem se rompe,
Consequência da natureza desse seu afago.

A CASA DOS OUTROS

Tem vezes que perdemos o endereço de casa
Tem vezes que não sabemos onde moramos
Tem vezes que não temos casa
Tem vezes que moramos em qualquer lugar
Tem vezes que chegamos a qualquer hora
Tem vezes que temos horário pra chegar
Tem vezes que arrumamos nossa casa
Tem vezes que pedimos para alguém arrumar
Tem vezes que choramos no nosso quarto
Tem vezes que não temos quarto para chorar
Tem vezes que não temos razão pra chorar.

A vida de sempre
A casa de sempre
Às vezes é outra vida
Às vezes é outra casa
Às vezes é uma vida em outra casa
Às vezes é uma casa em outra vida
Um dia a gente aprende
Um dia a gente conversa
E o soneto que hoje é somente letra, poesia,
Pode virar canção, melodia.

Se pudesse traria um amigo pra casa
Pra passar a noite aqui
Mas meu pai não deixa, diz que gente de fora atrapalha.
Mas um amigo faz falta.
Um dia ele vem escondido
Entra pela janela
E sai quando todo mundo tiver dormindo.

PARA MINHA NAMORADA

Poderia beija-la sem parar,
O tempo poderia parar enquanto a beijo,
O perfume dela é inconfundível,
Eu a conheço pelo andar,
Seu sorriso me prende,
Seu olhar me domina,
Não há um minuto que não pense nela,
E que não a namore em minha mente.

Minha namorada,
Minha vida,
Seja assim como você é,
Pois me completo ao te abraçar,
Meu sangue corre por seu amor,
E meu frio só se aquece em seu calor.

Eu quero ser assim,
Assim seu... Só seu,
E ter a certeza que és somente minha,
Pra poder ir juntos onde quiseres,
Pra lua, para as estrelas,
Pois ao céu já fui quando te encontrei.

Amar assim
Desse jeito, sendo amado,
Sem medo, sem receio,
É só para nós, que juntos,
Deixamos todos de lado,
E levamos muito a sério,
A magia de estarmos apaixonados.

SONETO PARA MINHA MÃE

Quando penso em minha mãe,
Penso na força, penso no amor.
Penso na força do amor, no amar com força,
Na alegria de abraçar a quem se ama.

Penso na mulher forte em um corpo fraco,
Penso na paciência, penso na luta,
No coração grande, na mesa farta,
No fazer aparecer, no sentar a mesa, no cortar da fruta.

A mulher que tirava a água do poço e o leite da pedra,
No armário vazio e o coração cheio.
Penso na cinta, penso no chicote,
Lembro-me do cheiro e penso que ainda estás aqui e eu estou no seu seio.

Lembro-me do cheiro da canjica, do gosto do curau,
O cheiro da lenha, "menino pega a galinha!".
No domingo o macarrão era normal,
Na segunda eu nunca sabia o que tinha, ou se tinha.

Não posso pensar em amor sem falar de minha mãe,
Nem este soneto existiria,
Mas, com certeza onde ela está agora,
É o lugar onde ela sempre soube que estaria.

NÃO ME PERGUNTE NADA

Se você ouvir alguma coisa,
Algum barulho vindo da minha casa,
Desculpe-me, não é minha intenção,
Mas por favor, não me pergunte o que aconteceu.

Se panelas caírem no meio da noite,
Gritos te incomodarem,
E minha voz dizendo que não aguenta mais,
É só impressão sua nada disso aconteceu.

Um pedido de socorro,
Ou um lamento triste, é ilusão.
Você nem pode ouvir,
Esse barulho é todo dentro do meu coração.
Por favor, esqueça... não me pergunte o que aconteceu.

Se por acaso eu estiver falando muito alto,
Ou se o silêncio for ensurdecedor,
Não pergunte nada,
Se a luz estiver cortada ou houver um vazamento de água,
Se a vidraça amanhecer quebrada
Ou se a porta for arrombada
Ainda assim não me pergunte
Eu direi que não aconteceu nada...

SE UM DIA ELA VOLTAR

Se um dia ela voltar
Que venha cedo
Que venha lenta
E que não tenha pressa de ir embora
Que faça de mim seu lugar
E eu faça dela meu paraíso.
E que não haja peso
E que não haja tristeza
Mas venha carregada pela onda da alegria
E trazida pelo vento do amor
É uma ilusão que ela volte,
E utopia seu sorriso
Mas é sincera a esperança
De eu ser seu paraíso
Se um dia ela voltar
Meus braços, hoje fechados, abrirão.
E minha voz, hoje calada, gritará.
No dia que ela voltar.
Se ela voltar
Minha pele te espera.
Se você voltar,
E se você ficar ficarei também
E nenhuma sombra bloqueará nosso sol
Mesmo que seja difícil
Não será impossível
Se um dia ela voltar.
Temos tudo em comum
Não temos medo
Nossas almas são tão jovens
E ela será jovem para sempre
Não verão sua velhice
E nem o tempo passará para ela
Se aqui comigo ela ficar,
Se um dia ela voltar.

O SÁBIO MENTIROSO

Não pode ser!
A vida não pode ser uma mentira,
Não uma mentira assim tão descarada.
Será que somos uma aposta?
Uma aposta de algum deus,
Ou somos uma aposta de Deus?

Jogaram os dados,
E nossa vida está em jogo.
Mas quem ganha se eu perder?
Quem sai vitorioso se Deus ganhar?
E se Deus perder?
Será que somos os dados? Ou será que somos o prêmio?

Nossas roupas estão roídas por traças,
E nossos sapatos estão furados.
Não podemos sair de nossa casa,
Não podemos ir à festa.
Não fomos convidados, pois,
Somos pobres, e.
Nossas roupas estão roídas por traças
Assim como nossos sapatos estão furados.

Obedeçam às minhas ordens!
Entoem cânticos!
Será que um dia seremos dignos também?
Será que um dia farão canções em nossa homenagem!
Eles venceram, eles venceram!
Morreram, mas venceram!
Suas roupas estavam roídas por traças e
Seus sapatos estavam furados.
Mas venceram!

Nossos filhos falarão sobre nós?
Quem saberia dizer?
Falarão da nossa cruz ou de nosso martírio?
Ou dirão: nada disso aconteceu
Quem escreveu essa história? Ou, que contou para você?
Só nos restará a dúvida.

Mas, não estaremos aqui para saber,

Pois, nossas roupas que hoje estão roídas e nossos sapatos furados já terão acabado.

E nada mais veremos,

Nada mais venderemos,

Nem mesmo esta mentira descarada que se chama vida,

Contada por algum deus louco, ou pelo Deus sábio.

Sábio!

SEU OLHAR

Quando o sal não tem gosto.
Quando o sol não tem calor.
Seu olhar,
Quando não olha pra mim.
Minha vida,
Se não vivo com você aqui.

Nem toda água é de beber,
Nem todo o mar é para nadar,
Por isso meu medo de te ter,
Por isso o meu medo de te falar.

O sol da minha vida,
Não pode ser tão brilhante sem você,
Não duvido, minha querida,
Um dia vou te merecer.

Já te tenho e não percebo,
Será que sou assim tão cego?
Posso até estar enganado,
Mas tenho um pedacinho do seu apego.

Se eu dormir,
Penso que estou dentro de ti,
Mas acordado tenho certeza,
Que de você eu nunca saí.

Eu sou o resultado do bem que você me faz,
A consequência inevitável de você.
Seu olhar não me esconde nada,
Mesmo que negue, insiste em me querer.
Um dia entro no seu sonho,
Saio da minha vida pra entrar na sua,
Enquanto isso eu te abraço em pensamento,
E tento não passar frio vivendo na rua.

Quando acordei, pensei não estar acordado,
Estava preso no porão da embarcação,
Não podia mexer meus pés,
E minhas mãos estavam acorrentadas,
Uma voz gritava acima de mim
E o barulho das correntes era constante.
Não, não era um sonho,
Antes fosse um pesadelo.
Tomaram minha liberdade,
Deram um preço para minha pele
E meu idioma foi tomado
Minha língua foi cortada
E deixei de ser nobre
Deixei de ser rei
Não via mais minha esposa
Separaram-me de meus filhos
Minhas filhas eram princesas e meus filhos príncipes.
Agora o que sou?
O que serei?
Fezes e urina estão espalhadas pelo chão
Meus súditos onde estarão?
Guerreiros fortes escolhidos a dedo,
Onde estão agora?
Ouço línguas diferentes,
Sou surdo no meio de tanto barulho
No convés acima de mim um rei é chicoteado
Um plebeu incrédulo bate num guerreiro amado
Fomos forjados em ferro forte
Fomos entalhados em Ébano real
Lutaremos até o fim
Esse porão não é o meu final
Minha espada é minha língua
Meus braços fortes me defenderão
Sou um rei!
Fui escolhido na barriga de minha mãe
Renascerei!
E reinarei onde quer que eu vá.

LAVADEIRA DO ARROIO DO MEIO

Minha mãe era lavadeira,
Se você a xingasse
Ela não sentia,
Sua ofensa ia embora com o sabão
Descia o rio. Sumia.
Minha mãe era doceira.
Uma doceira que trabalhava como lavadeira.
Enrolava o brigadeiro, dobrava o lençol,
Não tinha motivo. Fazia por queria.
Tinha esquecido que era costureira.
Que era da terra de longe,
Que veio com os portugueses.
Mas ainda sim era lavadeira, sem luxo,
Só queria a felicidade, ver seus filhos felizes.
Nasceu na roça, pisava no chão,
Batia o feijão, mas ainda era a lavadeira.
Lava a alma.
Lava a mente.
Lava a boca menino.
Me leva contigo, tenho medo da água forte!
Calma menino, o rio é calminho.

SAUDADES

Eu prefiro a pureza.
A pureza do olhar de uma criança.
Prefiro ser inocente,
E não me acusar de nada.

Prefiro seu olhar,
Prefiro seus olhos nos meus
Assim falamos a verdade
Que nos amamos muito
Um amor que repele toda a maldade.

Se eu pudesse
Te levaria sempre comigo
E, onde eu estivesse,
Poderia ter o seu olhar.
Mas te carrego sempre como abrigo,
E a certeza de que
Quando eu voltar,
Se olhar, vou encontrar.

LÁGRIMAS

Quero te pedir uma coisa...
Enxugue seu rosto,
Não chore tanto,
Não se desespere, venha comigo,
Te ajudo a esquecer de tudo isso,
Eu também choro por alguém.

Quem dera eu fosse
O motivo da sua alegria
E a razão do seu sorriso,
Viveria mais trezentos anos
Só pra te ver sorrindo todo dia.

Made in the USA
Columbia, SC
10 March 2023

13396590R00019